석용호 제2시집

석정원

마음의 그림 그리며

도서출판 채운재

석정원

마음의 그림 그리며

석용호 시인 제2시집

도서출판 채운재

저자의 말

제2집 출판에 붙여

2012년 올해는 여러 가지로 의미가 담겨있는 한해였던 것 같습니다.

무엇보다도 60년 만에 온다는 흑룡의 해로써 모두 행운의해 라고 하고 윤달도 있어서 조상에 대한 상징적인 일들을 많이 벌리게 되었고 저로는 첫 시집을 발간 후 두 번째 시집을 출간하게 되어 무엇보다도 기쁜 일이라고도 생각할 수 있답니다.

산골 중의 산골 충청도 월악산 산그늘이 서려 있는 산골마을에서 태어난지도 육십이라는 세월을 넘어 제2의 인생을 시작하는 첫 해이기도 합니다. 한국전쟁 중에 태어난 제가 태어나 덕산초등학교를 마치고 열세 살되던 해에 고향을 떠나 청풍으로 중학교 유학을 떠나던 때가 50년 전일..

동구 밖을 나서면서 나중에 공부하고 돈 많이 벌면 우리 아버지 어머니께 좋은 집에 좋은 옷에 좋은 음식 마련해드린다고 다짐하고 떠나던 길이 벌써....

그때의 마음이 항상 머릿속을 짖누르고 살아왔었는데 여러 가지 어려운 여건 탓에 미루고 미루던 사이 아버님은 몇 년 전 돌아가시고 어머님만 생존해계신 상태 이것저것 다 뿌리치고 올해 봄부터 시작한 “정든 내고향 정든 우리집” *石庭苑*을 신축하여 어머님이라도 남은 여생을 보내실수 있도록 마련하게 되어 50년 마음에 빚을 조금이라도 덜게 되었답니다.

첫시집 "허공에 파문을 빗다"에 이어 두 번째 시집을 출간하게 되니 무거웠던 마음이 조금은 가벼워졌으며 이렇게 정든 내 고향 정든 우리 집 석정원에서 제2의 인생을 출발하게 되니 감회가 넘쳐 흐른답니다 또한 어머님 살아생전 좋은 집 마련 약속도 지켰고 또한 찾아뵐 때마다 좋아하시고 기뻐하시는 모습에서 부모와 자식 간의 따듯한 정까지 느낄 수 있어 매우 매우 행복합니다.

평생을 고생만 하셨던 우리 어머니께서 천수를 다하실때까지 부디행복하게 지내세요.

석정원은 곧 나의 고향 휴식처요 마음의 안식처입니다. 본인 또한 이곳에서 남은 삶을 고향산천과 자연을 벗 삼아 석정원과 함께 미래의 꿈을 꾸면서 고향의 초목들과 벗하며 아름다운 삶을 감사의 마음에 담아 살아가렵니다.

2012년 12월

임진 흑룡의 해가 저무는 석정원 뜰에서

石花 석용호 拜上

제1부 | 꽃잎이 허공에 파문을

제2부 | 버리고 살아가기

제3부 | 하늘이 열리던 날

제4부 | 사랑을 하려거든

제1부

꽃잎이 허공에 파문을

새날에는

새날에는
이 땅에 태어남을
감사한 마음으로 살게 해 주소서.

새날에는
어렵고 힘든 이웃들을 위하여
일할 수 있도록 용기를 주소서

새날에는
증오와 분노의 마음을 거두어 버리고
온 누리에 평화만이 존재하게 해주소서

새날에는
새벽길을 나서는 발걸음과
돌아오는 발걸음을 가볍게 해주소서

새날에는
검푸른 바닷속을 헤치고 솟아오르는
태양처럼 뜨거운 열정으로 살아가게 해주소서

새날에는
희망과 행복으로 가득 찬 하루를 보내고
사랑하는 가족과 함께 포근히 잠들 수 있는
꿈이 이루어질수 있기를 간절히 소망합니다

〈壬辰년 새해 아침에 수리산에서〉

꽃잎이 허공에 파문을

유난히도 길었던
지난 겨울 탓에
이제야 꽃들이 활개를

세상만 진화하는 줄 알았는데
자연도 자꾸 변화되는 것 같네요

개나리가 먼저 피고
진달래 피고 벚꽃 피던 것이

올봄에는 정겹게 보이려는가
한꺼번에 피어나
봄꽃들이 꽃들의 향연을 이루었답니다

어제까지만 하여도
꽃들이 때를 만난 듯 꽃 잔치를 벌렸는데

오늘은 하늘을 열어젖치고는
봄비가 바람과 함께
꽃들을 휩쓸고 지나가네요
그때마다 꽃잎이 허공에 파문을

〈수리산지기20120421〉

삼위일체

위로는
나를 낳아 주시고
찬 곳 더운 곳 가려가며
금이야 옥이야 길러주신
우리 부모님의 지극정성

가운데는
남남으로 만나서
검은 머리 파 뿌리 되도록
온갖 궂은 일 다맡아서
항상 곁에서 있는 이름하여 부부

아래로는
삼백 날을 고이고이
간직한 후에야 비로소
세상에 나올 수 있었던
눈에 넣어도 아프지 않을 자식들

이 모두가 모여 삼위일체가 되는 날
세상에서 가장 커다란
기쁨이요 행복이요 아름다움이랍니다

빛바랜 상념

육십 년의 긴 터널
봄 여름 가을 겨울 사계절이
수없이 지나간 세월과 그 자리를

억만금을 준다 한들
단 일초도 되돌릴 수도 없는
시간을 애써 되돌려 보겠노라고

처음 만나던 날의 추억을
젊은 날의 갖고 있던 꿈을 아니면
또 하나의 시계탑을 쌓아보려는지

사십 년의 세파에도
흔들리지 않는 머릿속과
변치 않은 옷자락을 걸치고
빛바랜 상념을 되찾아보려고

모든 것은 바람에 흩어져서
강물 따라 바다로 흘러갔다
아쉬워도 말고 안타까워도 말자
누군가를 지금까지 가슴에 담고
살아온 것만으로도 행복했었노라고...

〈 20120303 수리산에서〉

건강한 삶

건강한 삶을 원한다면

누워있지 말고
앉아 있어야 하고

앉아 있기보다는
서 서있는 것이 좋으며

가만히 서 있는 것 보다는
움직이는것이 좋으며

움직이는 것 보다는
걷는 것이 더 좋으며

걷는것 보다는
달리는것이 더 좋은 것

건강하고 행복한 삶을 위해서
잘 먹고 잘 자고 많이 움직이며
앞으로 앞으로 달려갑시다

자아(自我)를 찾아서

세상살이가
서로서로 얽히고 설키고
살아가야 하기에 쉽지만은 않네요

살길 찾아 헤맨다고
손길 잡아주는 이 없는
엄동설한처럼 냉혹 한 것이 현실이고

시간은 쏜살처럼 지나가고
어저께 해맞이하던 신묘년도
어느새 섣달 그믐날 끝자락에

한해를 되돌아보니
일들의 결과는 자업자득이며
세상만사 또한 새옹지마라네

온몸을 감싸고 있는
상념들은 훌훌 털어 버리고
다시 새날을 기약하며
자아(自我)를 찾아서 떠나가렵니다

돌부처

비 바람이 몰아치고
천둥 · 번개가 몰아쳐도
눈썹 하나 까닥 않으며

눈보라가 휘날리고
살을 에는 동장군이 되어도
꿋꿋한 자세로 버티고

봄날에 종달새 지져 기며
여름날에 뙤약볕이 내쬐고
가을날엔 산들바람이 지나가고
겨울날에 흰 눈으로 뒤덮인다 해도…

수많은 중생들이
촛불 켜고 소원을 빌고 또 빌어도
아무런 대답이 없는 돌 부처 지만
세속의 모든 소리를 다 듣고 있답니다

중생들이 억겁의 때를 다 씻는 날
천 길 속보다 더 깊은 말을 하리라
"손바닥 펴고 빈손으로 돌아가거라"

흔적과 상처

밟으면 밟을수록
더욱더 돋아나는 잡초처럼

나뭇가지를 자르고 나면
또 다른 가지에 새움이 돋아나듯이

오른발을 꺼내려 애써보면
왼발마저 빠져버리는 늪처럼

그리움을 잊으려 하면 할수록
점점 더 깊어져 가는 상념들

온몸 구석구석까지 퍼져버린
그대의 살 내음과 향기

지우려 하면 할수록
점점 더 깊이 퍼져가는
사랑의 흔적과 상처들을 어찌하리오

〈금강강변지기20100505〉

情이란

눈으로 보이지도 않고
코로 맡아지지도 않고
입으로 맛볼 수도 없는

귀로 들을수도 없고
손으로 잡을 수도 없고
그림자로 나타나지도 않는

때오는 눈물도 흘리게 하고
가슴을 도려내는 아픔도 주고
한숨도 나오게 하며

사랑은 이별이라는
끝이라도 있지만
시작도 끝도 없이

시도 때도 가리지 않고
안개처럼 피어났다가는
바람처럼 사라져가는

지울 수도 지워지지도 않는
밟으면 밟을수록
점점 더 쏙쏙 돋아나는 야생초처럼

실체는 없어도
사람의 간장까지도 녹여버린 情을
어찌할꺼나 어찌할꺼나…

꿈

올해는 임진년
누구나 모두가
새로운 마음으로 다짐하며

나만의 소원에다
가족의 소원까지 담아
빌어보는 것이 우리들의 속마음

한 발 더 나가서는
60년만에 돌아오는
흑룡의 해 라고까지 하며

건강의 꿈도 빌고
부자의 꿈도 빌고
행복의 꿈도 빌어 보지만

임진년 새해 꿈과 소망의 열쇠는
먼 곳에 있는 것이 아니며 바로
내 마음의 흑룡이 가지고 있답니다

〈수리산에서 임진년 새날 아침에〉

내 사랑

비록 당신을
내가 가질 수는 없지만
나는 당신을 사랑합니다

당신은 때가 되면
언제든지 돌아가야 된다는 것도 알고 있고.

당신이 머무를 곳이
나와는 다르다는 것도 알고 있지만
그래도 당신을 사랑합니다.

때로는 내가 당신이 가는 길에
걸림돌이 되는 줄 알면서도 사랑합니다

당신과 함께할 시간이
점점 작아진다 해도 사랑합니다.

당신이 내 곁을 떠나가고
흔적마저 지워지더라도
당신의 영혼만큼은 내 안에 존재하기에

당신은 영원한
내 사랑으로 남아 있을것입니다

그대는

눈을 감아도
길을 걸어도
아련히 떠오는 그대의 모습.

아침에 눈을떠서
잠이 드는 순간까지도 모자라
꿈에서까지도 그리운 그대

그대의 숨결 소리만 들어도
그대의 음성 만들어
내 모든 것을 앗아갈 듯한 그대

지우려 하면 할수록
장마 속 잡초 피어나듯이 점점 더
내 온몸을 휘돌아 치는 그대의 향기.

그대는 내게 있어
어떤 존재이기에 바라만 보아도
내 모든 것을 송두리째 삼켜버리는 그대

그대는 내 육신과 영혼까지도
내 모든 뼈마디에 묻혀있고
혈관타고 흐르는 핏속에 있는
정 마저 가져간 아주 무서운 사람.

등산

아무리 산을 좋아한다고
날마다 오를 수는 없는 것..

등산의 성공을 위해서는
미리미리 예비점검이 필수

출발부터 갈수록 점점 어렵고
깊은 곳 빨려 들어가게 되어 천천히
자신의 컨디션 조절이 우선

바윗길도 살 내음 같은 향기도
목마를 때 마실 수 있는 옹달샘도
돌다리도 건너야 하고
봉오리 능선도 지나고 건너고
숨이 턱까지 차오르는 고통도 참아야 되고

온몸이 땀으로 뒤엉키는 속에서도
정상에 섯을 때
세상을 모두 얻은듯한
정상정복의 기쁨과 쾌감을
느끼고 얻기 위해
사람들은 오늘도 등산을 위해 혼신을.....

수리산(修理山)의 봄

산의 한 자락은 안양에 걸치고
다른 한 자락은 군포에 슬쩍
등 자락은 안산에 기대어 놓은

동산보다는 높고
앞산보다는 낮은
사백칠십 다섯 높이의 修理山...

풍화에는 약하다는
백운모 흑운모가
어우러져 태을봉을 이루었고

얼음장 밑으로는 물흐르는 소리
나무들은 물 오름소리
이 골짜기 저 골짜기에서는
봄맞이 소리가 한창일세

봄의 소리와
산 정기가 어우러져
내 품 안으로 들어오는 이때에

덤으로 사는 인생의 새 출발을
수리산에서 시작하게 되니
이 또한 얼마나 기쁘고도
행복한 일이 아니겠는가

새옹지마

절망이라는 생각을 하느라
까만 밤을 하얗게 세우고는

동도 트지 않은 칠흙 같은 새벽에
오라고 손짓하는 사람도
누가 기다리는 것도 아닌데

어디라도 정 한 것도 없이
두어 시간을 무작정 달려가다가
산자락 입구에 차를 세우고는
희미한 불빛을 향하여 걷기 시작했다

산사의 기도문 소리 목탁소리 풍경소리
삼박자가 어우러져 단풍잎새로 들려오는 소리를
귀울여 들어보니 세상만사가 "새옹지마"라고 하며

현실이 아무리 괴롭고 힘들더라도
마음은 비우고
욕심은 버리고
재물은 베풀고
주먹처럼 쥐고 살지 말고 손바닥처럼 펴고 살라 하네

아!!이 한마디 들으러
여기까지 달려온 것일까
돌아서는 발길은 가볍기만 하였다네.

작은 기도문

미워하며 떠난 사람이지만
미움을 당하지 않게 해주시고

나를 버리고 간 사람이라도
버림당하지 않게 해주소서

상처를 주고 간 사람이라도
증오를 당하지 않게 해주시며

괴로움을 던져 주고 간 사람이지만
괴로움을 당하지 않게 해주시고

슬픔을 남겨 주고 간 사람이라도
기쁨이 돌아가게 해주시며

불행을 안겨주고 떠난 사람이라도
행복이 돌아갈 수 있기를 바라는
작은 소망을 담은 기도를 드립니다

불면증

그대가 그리워서
차디찬 빈방에 홀로 이 남아
시린 가슴까지도 참아 보았던가요

그대 모습을 잊어버리려고
그대 생각을 지워 버리려고
까만 밤이 하얗게 되도록
태워 본 적이 있었던가요

까만 밤이 지나 새벽이 찾아오고
동녘이 불그레이 밝아 올 때까지
뜬눈으로 지새워 보았던가요..

그런다고 지워지던가요
그런다고 잊혀지던가요
그런다고 돌아오던가요
세월이 더 흘러 흘러가야
불면증도 사라질 것 같네요

월악산(月岳山)

백두대간 태백산 등줄기에서
소백산 타고 가지줄기로 내려와

우측으로는 제천시 청풍호를
왼쪽으로는 충주시 충주호를
뒤쪽으로는 문경시 하늘재를

신라 56대 마지막 경순왕의 왕자
마의태자와 덕주공주가 비운을 맞은
전설과 곳곳에는 기암절벽으로 가득하고

달이 뜨면 영봉(靈峰)에
걸린다 하여 月岳이라는
이름이 붙여 졌다고도 하며

영봉에서 내려다보는 가을 단풍은
멀리 충주호까지 물들이고
발아래 송계계곡까지 어우러져
찾는 이의 마음마저 붉게 물들게 하여

누구라도
詩心을 솟구치게 하는 月岳山

물같이 살라하네

한 방울의 물이 모여
골짜기를 이루고

골짜기 물은 모여
실개천을 이루고

실개천은 다시 모여서
개울물이 되고

개울물은 모여서
강물이되어 흘러 흘러가며

한 방울의 물이 흐르다 보면
좋은 일 어려운 일도 겪으며
끝내는 바다로 들어가 마감을 하게 된다네

사람도 한 방울의 물처럼 세상을 살다 보면
슬픈 일도 기쁜 일도 거치게 되는 것 따라서
자신의 삶에 대하여 지나치게 비관하거나
괴로워 하지 말고 흐르는 물같이 살라 하네.

착각

내가 웃는다고
남도 웃을 거라고

내가 배부르다고
남도 배부를 거라고

내가 좋아한다고
남도 나를 좋아할 거라고

내가 앞서 가면
남들이 따라올 거라고

내가 베풀면
남들도 베풀 거라고

더욱이 자신의 생각이
남들도 같을 거라는 생각은
모두가 환상이요 착각이랍니다

재회의 꿈

스무 살 애송이 청년이
아흔아홉 구비 고갯길을 넘어 멈춘 곳
낯설고 물설은 땅 강릉 고을에
괴나리봇짐을 풀었던 날이 사십 년 전

생면부지의 땅 첫 부임지에서
작은 행복이란 야생화 같은
소녀를 바라보는 것이 유일한

군 복무를 위해 떠나던 날에
어설픈 사랑의 편지와
두 편의 노래까지 담아 밤새워 썼다는
12장의 편지를 던져주고는

이등병을 생활도 군 복무도 마치고
다시 돌아왔을 때는 모두 떠난 빈자리

억만금을 준다 해도
단 일 초도 못 돌린다는 시간을
하늘은 알고 있었단 말인가

길고도 긴 사십 년 시간은 되돌려놓았건만
다가서기에는 너무도 먼 현실 앞에
재회의 꿈이 기쁨보다는 슬픔이 가득
차라리 영원한 꿈으로 남았더라면...

슬픈 사랑

나는 당신을 연인으로 할 수 있으나
당신은 나를 연인으로 할 수 없더라도

나는 당신과 함께 할 수 있으나
당신은 나와 함께 할 수 없더라도

나는 당신을 그리워 할 수 있으나
당신은 나를 그리워하지 못하더라도

나는 당신 곁을 떠나지 못하지만
당신이 언제라도 내 곁을 떠나가더라도

나는 당신을 사랑할 수 있으나
당신은 나를 사랑할 수 없다 하더라도

당신은 언제라도 나를 버린다 해도
나는 당신을 영원히 버릴 수가 없답니다

그것은 당신이 이미
나의 육신을 넘어 영혼마저
자리매김하고 있기 때문이지요

壬辰년 새날

壬辰년 새날을
축복이나 하듯이 온누리에는
하얀 눈꽃들이 피어나고

우리 모두의 마음에는
새 희망을 담은
소망의 꽃들이 피어오르네요

시기하고 질투하고
미워하고 증오하는 마음들은
떠오르는 태양 속으로 던져버리고

비록 지난날의 삶이
지치고 힘들었다 할지라도
모두 잊어버리고 새로운 마음을 담아

육십년 만에 온 흑룡의 해 壬辰년 새날에는
검푸른 파도를 헤치고 솟구치는 태양같이
날마다 삶의 희망이 넘치기를 축원 드립니다

〈2012년 흑룡의 해 새날을 맞이하여 수리산에서〉

입맞춤

동성 간에는 처음 만나면
반가움의 표시로
포옹 내지는 악수로써
상대방을 맞이하겠다는 표시를

이성 간에는
눈으로만 바라보다가
오랜 시간이 흐른 뒤에 비로소
상대를 맞이하고 받아드리는 표시로

입맞춤의 의미는
내 모든 것을 상대에게
상대의 모든 것을 내 것으로
받아드리고 인정하겠다는 서로의 정표

그 순간 만큼은
하나하나가 모여 다시 하나가 되어
인간본능의 장벽이 무너지고
육신이 일시적 무아지경 상태

세상을 다 얻은 것 같은
첫 입맞춤의 꿈은
언제까지 남으려는지

〈수리산지기 생각201208000〉

그대 그리고 나

온갖 산천이 꽃들이 만발하고 있는
꽃들의 계절 봄이
어느새 점점 깊어가고 있네요.

지금의 꽃을 피우기 위해
모진 눈보라도 이겨왔듯이
그대와 나의 사랑의 꽃망울도
고난을 헤치고 이제서야 피어나고 있네요..

봄바람에 싣어 오는 봄 내음과
그대의 가심에서 풍겨나는 내음이 어우러져
너무도 향기로운 내음이 솔솔 피어납니다.

그대는 나에게 있어서
어떤 존재 이기에 나의 마음을
깊은 수렁으로 빠지게 하는 건가요...

잊을 건 잊고 버릴 건 버려야 하고 찾을 건 찾아야 하건만 내 모든 것은 이미 당신것이 되어버린지 오래전 이야기.

그대여 나를 더는 울리지 마세요
그대와 나는 영원히 빛나는 별 같은 운명.

그대 안의 내가 있고
내안에 그대가 존재하는 한
그대와 나는 하나가 되어
영원히 함께하는 새벽별이 될래요.

제2부

버리고 살아가기

고향의 봄

열세 살 소년이 초등학교를 마치고
고향 산천을 뒤로하고
타관객지로 떠나오던 그때도 봄날이었지

봄이면 뜰에는 산수유가
노랗게 피어나 봄이 왔음을
제일 먼저 알려주었는데

떠나올 때 까만 머리는
어느새 반백으로 변했건만
정든 내 고향 정든 우리 집은
지금도 잘 있으려나

그 시절로 되돌릴 수도
되돌아 갈 수는 없지만
올해도 봄꽃들이 피어난
고향의 봄을 찾아 떠나가 보렵니다

도명회여 영원히 빛나라

작은 별 큰 별 샛별들
하나하나가 모여
더 큰 하나가 되었고

설악에서 시작하여 동해 강릉을 지나
태백준령을 넘어 영주를 거쳐
대구 창녕 부산까지

인천에서 시작하여 서해대교를 거쳐
보령 · 부안 목포 순천까지

전국 고을고을 밝은 빛들이모여
오늘 동탄뜰에서
잔치 빛들의 잔치를 벌였다네.

흰빛, 검은빛, 주름진 빛 ,동안의 빛이
서로서로 어우러져
도명의 빛으로 태어난 지 어언 15년 세월.

우리 모두의 마음과 마음을 담아
세상에서 가장 아름답고
건강한 빛으로 거듭나게 해주소서

꽃같은 인생

길가에
피어난 꽃이라고
함부로 꺾지도 말고

혹시라도
한두송이 실수로라도 꺾었다면

그 꽃이 다하는 날까지는
함부로 버리지 말 것을

하찮은 들꽃이라도
나름대로 향기도 있었고

한때는 오가는 사람들로부터
사랑도 받고 기쁨도 주었거늘

두어라 아무리 화려한 인생도
꽃처럼 시들 때가 있을 테니까

타조(駝鳥, ostrich)

조류 과에 속하면서
날개가 있어도 날지도 못하는
슬픔의 눈물을 참으며 지내야 하고

그나마 목은 길어서
가까운 곳 보다는 미래를 지향하듯
항상 먼 곳을 주시하는 타조

새처럼 날지 못해도
달릴 때는 시속이 90Km까지

수컷은 검은색 암컷은 갈색이라
알은 암컷이 놓고 품는 일은 수컷이 하고
사람처럼 외모로도 구별되고 분업까지라니

깃털이 짧아 단 한 번도 날지도 못한 체
땅 위에서만 살아 가야하는 운명
사람처럼 역경 속에도 현실에 적응하며
현명하고 지혜롭게 살아가는 사랑스런 울 타조

역지사지(易地思之)

남의 잘못을 보고 웃을 때가 있으면
나도 남들로부터 웃음을 당할 때가 있고
남의 눈에 눈물을 나게 하였다면
내 눈에는 눈물이 쏟아질 때가 있다

발로 차버릴 때가 있으면
발로 차임을 당할 때가 있고
남에게 화를 내었다면
열 곱의 화를 당할 때가 있다

내가 가진 것을 하나를 베풀면
열이 되어 되돌아올 수 있고
남의 것을 가져 올 때는 좋았지만
내 것을 빼앗길 때는 몇 곱의 슬픔이 된다

함부로 가지려 말고 빼앗지도 말고
욕심 버리고 많이 베풀며
물 흐르듯 주어진 데로 사는 것이
아름답고 진정한 삶에 길이랍니다

생가(生家)

충청도 산골 중의 산골
오지 중의 오지 월악산 산골 마을에
힘겹게 지탱 해온지
어언 이순을 훌쩍 넘은 옛집

초가지붕 토방에선 울음소리로
온누리에 태어남을 알리고
대문에는 새끼줄에 고추 끼워 금줄 치던 생가

세월의 풍파를 견디다 못해
기울어지고 무너지던 옛집

새로운 탄생의 미명하에
무심한 장비는 잔재마저
산산조각을 내어버렸답니다

항상 마음의 고향이요
나의 꿈이 자라나던 옛집은
이제 흔적없이 사라져 버리고

황량한 빈터에는
어제 그리고 내일의 꿈을 담은
石庭苑이 태어나려 꿈틀거리네요

〈옛집을 철거하고 20120222〉

겨울 가면 봄이

돈은 빌릴망정
마음까지 구걸하지는 말아야 한다
사람 자체가 추해진다
사람이 추해지기 시작하면
인생 자체는 더 추악해진다

돌아선 사람을 잡지 말라
갈 사람은 아무리 잡는다고 남지 않으며
차라리 떠나는 사람에겐 박수를 보내라

겨울이 가는 것은
봄이 온다는 신호이듯이

사람이 떠난다는 것은
다음 사람을 위해서 비워두는 것이다
떠나가면 새로운 사람이
돌아오는 것이 인생의 순리다

내 사랑 그대여

새벽 눈 내리듯
소리 없이 다가온 그대

내 눈을 통하여
심장까지 뚫고 들어온 침입자

뛰어난 아름다움도 아니면서
내 모든 것을 통째로 삼켜버린 그대

밤하늘에 수많은 은하계를
떠돌다가 혜성처럼 나타난 그대

억만금을 주고도
얻을 수 없는 그대가
스치고 지나칠 줄만 알았던 인연이

되돌아갈 수도 없을 만큼
너무도 깊은 곳까지 찾아들었고
숨 쉬고 심장이 뛰는 시간만큼은
내 가슴과 머리를 통째로 삼켜버린 그대

내사랑 그대여
황량한 들판에서
홀로 이 언제까지 서 있을 건가요
내 절규가 들리면 그대품에 나를 잠재워 주소서...

〈수리산을 바라보며20120124〉

만리장성(萬里長城, GreatWallof China)

영상으로만 보던
만리장성에 올라보니

인류 최대의 최대토목 공사에 걸맞게
성곽 기본 거리가 2,700Km에 이르고
지선까지 합치면 육천에서 칠천 킬로 라고 하니
가히 만리장성이라 칭하고도 남음이

성벽 돌 하나하나가 모두
인간의 힘으로만 축성 되었다는 것이
도저히 믿어지지가 않네

산 능선을 따라 중국의 상징적인
용처럼 굽이치는 성곽을 둘러보니

축성 당시의 수많은 사람들의
애환이 담긴 소리가
이 골짝 저 골짝에서 들려오기도 합니다

피와 땀 눈물로 얼룩진 성벽은
수백 년 풍파에 시달린 탓에 아무런 말이 없고
세계 여러 나라에서 몰려온 구경꾼들이
大長城의 장엄하고 경이로움에
감탄을 연발하는
萬里長城이여 영원하여라

*萬里長城 : 6세기 초 진시황 때부터 북방의 침략을 막기 위해 세우기 시작한 1500km 방어용 성벽이 역대왕조를 거치면서 형태나 길이가 점점더 늘어나 15-16세기 경에 이르러 2,700km로 늘어났고 중화인민공화국 때 군사용에서 관광용으로 개보수하여 문화유산으로 보존 관리하고 있음.

베이징의 풍경

근대화의 물결을 타고
나날이 발전과 도약을
변화와 개방의 물결이
여기서 저기서
하루가 다르게 변모하는 베이징

북경이라는 이름보다는
베이징이라는 이름이 더 어울리는 곳

뿌연 연기 같은 속에서도
한눈에 잘 들어오는 것은
자금성을 비롯한 커다란 고궁
넓은 광장 붉은 색조 쭉쭉 뻗은 거리 고층빌딩 숲

한편으로는 사방을 둘러보아도
잘 보이지 않는 것은
교회 사우나 학교 편의점시설

곳곳에서 묻어나는
대륙의 기상과
대국의 기질들이
베이징을 상징하는 풍경처럼 보이네요

〈베이징을 돌아보고20120303〉

버리고 살아가기

어디까지 가득히 채우려는가
얼마나 더 높이 쌓으려는지

끝없이 채우고 또 채우려는
인간 욕망의 늪이 끝이 보이지 않네

남이 볼세라 가져갈세라
묻어두고 꼭꼭 숨겨 두고
모두 다 가져가 무엇에 쓸려는지

내 것도 아닌 것까지도
어찌 내것으로 만들려 하는지
가진 것만으로 만족하지 못하고

빼앗듯이 가져오려는 욕망
이제 되돌려 줄 때가 되었네.

잡으려 힘들고 지키려니까
힘들고 몸도 지치고 아픈 것이다
내게 필요한 만큼만 남겨두고
모두 떠나보내고 놓아주고 버리고 살아가자

〈수리산지기20120405〉

쯔진청(紫禁城)

명.청 500년을 통치한 24명의
황제가 살아왔다는 전설 같은 城

명나라 3대 황제 영락제가 수도를 난징에서
베이징으로 옮기고 14년에 걸쳐 이룩한 城

3살 때 등극하여 3년만 재임한
청나라 마지막 황제(푸이)를 끝으로
2000년간 지켜온 황제 시대가 막을 내리고
1949년에야 비로소 세상에 알려지게 된 城

건물 색조는 하늘의 아들 황제를 상징하는 紫色으로
황제 보호를 명분으로 접근을 禁止하기 위하여
주변에는 풀 한 포기 나무 하나도 금지한 城

팔백여 개에 달하는 건물과
9천여개의 방들이 오로지 목재로만 꾸며진 城

황제만을 위한 공간을 만들기 위하여
담 높이가 10미터에 주변에는 인공수로까지 만들어
천 년의 반 500년을 묵묵히 지켜온 城

그렇게도 위용을 떨치던 그날의 사람들은
용이 되어 하늘로 승천했는지 땅으로 숨었는지
남은 것이라고는 웅장하고 장엄한 궁궐뿐인 城

어찌 감히 여기를 걸어 다닐 수 있을까
꿈에도 상상도 못했을 지난날을 생각하니
가슴까지 벅차올라 숨쉬기조차 힘든 경이로운 紫禁城

*쯔진청(紫禁城) : 명나라 3대 황제 영락제가 권좌에 오르고 4년째 되던 해 1406년에 수도를 난징에서 베이징으로 옮기면서부터 14년간에 걸쳐 800여개의 건물과 9,000개의 방을 만들어 황제가 사는 궁전으로 조성된 것으로 500년간 24명의 황제가 거쳐 갔으며 청나라 푸이가 마지막 황제로 황제 시대가 끝나고 1949년 중화인민공화국이 되면서부터 일반에 공개되기 시작하였으며 중국의 역사적 문화적 가치로도 높이 평가되어 매년 수 만 명의 관광객이 다녀가는 명소임.

잊는 연습

한번 태어났으면
반드시 한번은 돌아가야 하는 인생길

등산으로 정상에 올랐으면
반드시 내려가야 하는 진리와도 같은길

살아오는 동안의
아름다웠던 일도 있었을 테고

때로는 생각조차도
싫은 일들도있을테고

모두를 가슴에 쌓고 담고
두고두고 간직하기에는 어려운 여정

아무리 소중한 추억이라도
이제 아름답고
행복한 날들을 위해서는

하나씩 둘씩
잊는 연습이 필요한 때랍니다

〈수리산에서20120815〉

산수유

봄의 전령사 산수유
잎사귀도 나오기 전에
어느새 꽃망울부터

그렇게도 빨리 피고 싶었던가요
아직도 바람끝이 차가운데
저러다가 꽃눈마저 얼면 어찌하려나

봄소식을 알려 주려고
노랗게 피어났지만
수줍어 선뜻 드러내지도 못하고

멀리서 보면
노란 들판이 너울 되어
새봄이 파도처럼 밀려오는 것도 같고

가까이 다가서면
봄꽃이라 향기는 없어도
달콤하고 따사함이 느껴지네요

오늘도
산수유를 벗 삼아
새봄을 맞이하러 떠나갑니다

〈경기 이천 백사면 산수유 마을에서20120401〉

어버이날에

뿌리 없는 나무가 어디 있으며
물이 없는 샘이 어디 있겠는가

어버이가 아니시라면
내가 어디 존재하겠는가

자식이라는 존재는
기쁨만 주는 것이 아니라
고통도 주는 것이기에

부모님에 대한 은혜는
수치로 환산할 수 없는 무한대

부모 되기는 쉬워도
부모 노릇하기란 또한 어려운 것

살아계실 때 잘 보살펴 드리는 것이
자식 된 도리 같아서
오늘 하루가 아닌
날마다 어버이날 바라는 마음으로

석정원(石庭苑)의 꿈

충청도 두메 산골 중의 산골
앞을 보아도 산이요
뒤를 돌아보아도 산

산세가 험준하고도 오뚝 하기로
이름이 알려진 월악산
가장 높은 영봉(靈峰)의 정기가 서려 있는

내가 태어나고
내가 자라난 곳
정든 내 고향 정든 우리 집

태어나서 자라고
이순에 이르기까지
한 번도 잊지 못한 정든 내 고향에

나의 꿈 石庭苑이 새 모습으로 신축되어
풀 내음을 맡으며 자연을 벗 삼아
제2의 인생을 보내려 하니
한없는 기쁨이요..즐거움 뿐이랍니다

〈석정원 개원날에20120707〉

시곗바늘처럼

동녘이 밝아온다
일어나야 한다 3시 정각까지

오늘도 일터를 향하여 힘차게
앞으로 걸어간다 5시 정각

자세를 똑바로 마음도 똑바로
정각 6시

하루를 마치고 정신없이
집으로 향하여 걷는다 7시까지

가족과 마주앉아
정겨운 대화를 9시

오늘 하루도 수고 했습니다
편히 쉬소서 9시 15분

지금 우리는 몇 시에
머물고 있는 것일까
시곗바늘처럼 잠시도 머물지 못하는 인생

〈수리산지기 생각201207020〉

금강을 떠나던 날

여인의 하얀 속살처럼
넘쳐흐르던 금강물을 바라보며

새 돗자리 위에
새로운 일자리를 풀어헤치고

낯선 사람들과
업무를 시작하던 날이 2190일 전

모두가 처음의 제자리로
돌아가야 되는 지금

짧았던 만남 속에 긴 추억을 남기고
다시는 돌아올 수 없는 길을
떠나가야할 금강에서 만났던 사람들
잘 있어요 잘 가세요 그 한마디 뿐이랍니다

사노라면 한 번쯤은
금강톨게이트에서 함께 지내던 날이
무척 이도 아름답고 행복했었노라고

〈금강을 떠나던 날에2012.06.30〉

잊혀져야 되나

영원히 그대 곁에
머물 줄 알았는데

아주 조금씩
멀어져 가야 하고

해가 저물면
어둠 속으로 묻혀 가듯이

발끝에서 머리끝까지
온몸을 감싸던 사랑이었는데
하나씩 하나씩 지워져 가네

멀어져 가야 하고
묻혀 가야 하고
지워져 가야 하고
끝내는 잊혀져야 되는구나

〈수리산지기20120918〉

그리운 사람은

저 언덕에서부터
가을바람이
솔솔 불어오기 시작하면

떠다니는 구름처럼
흘러가는 강물처럼

잡아 보려 해도
잡히지도 않고

숨기려 해도
숨겨지지도 않고

지우려 해도
지워지지도 않고

시처럼 생각나고
시처럼 향기롭고
시처럼 그리운 사람은 어디에

寒食날에

긴 터널을 빠져나오기라도 한 듯
봄의 소리가
우리 귓전에서 맴도네요

하루하루가 지날 때마다
우리 곁을 지나치는
바람끝도 점점 훈풍으로

안으로만 닫아 버리고
감싸던 몸과 마음이
어느새 따듯해지기 시작합니다

이 좋은 寒食 날을 맞아
조상을 찾아 성묘도하고
한 그루의 나무라도 심어두면
먼 훗날에는 열매까지 주렁주렁

자리를 툭툭 털고 일어나
정든 고향산천을 찾아 떠나가렵니다

〈수리산에서 2012한식날에〉

소중한 사람

어디에 사는지
어떻게 생겼는지

내가 아는 것이라고는
부드러운 음성뿐 입니다

내가 힘들어하거나
어려움이 생길 때마다
웃음소리로 긴장을 풀어주고

내가 상기되고 흥분되면
아름다운 음성으로
기분을 가라앉혀 줄 뿐입니다

그 사람이 세상 어디 살고 있는지
어떻게 생겼는지는 중요하지 않습니다

오로지 나에게 있어서는
소중한 사람으로 기억될 뿐입니다

가끔은

화살같이
지나가는 시간

어제일이
기억이 않을 만큼 바쁜 날들

무엇에 쫓기듯 도망치듯
숨 막히게 살아가는 현실

거리에 나서보면
사람들은 사람대로
자동차는 차량대로
정신없이 달려가는 모습들

우리는
어디에 머물고 있는 것일까
어디로 달려가고 있는 것일까
묻는 이도 답하는 사람도 없다

그래도 가끔은
파란 하늘도 쳐다보고
흙 내음도 맡으며 지내자

〈수리산지기 생각20120909〉

베풀며 살아가기

꽃이 피어나기를 바라지말고
꽃이 피어나도록 도와주며

메일이 오기를 기다리지 말고
내가 메일을 먼저 보내보고

나이가 들어감을 안타까워 말고
나이 들어감을 순응하려 하고

나를 위해 무엇을 해주기를 바라지말고
내가 남을 위해 무엇을 도와주려 하며

남이 나에게 다가오기를 바라지말고
내가 남에게 다가서려고 노력해보자

살아가는 동안에
남에게 의존하거나 해주기를 바라지 말고
내가 남을 위해 도우려는 마음을 가져보자
하나를 베풀면 열 곱의 복이 되어 돌아온답니다

우리네 인생살이가
태어날 때야 주먹 쥐고 태어났지만
돌아갈 때는 두 손 펴고 돌아갈 텐데…

허탈

화무 십일홍이라.
아무리 아름다운 꽃이라도
열흘을 못 가고…
시들지 않는 꽃이란
세상 어디 있겠는가

꽃은 피어있을 때
가장 아름다우며 사랑도 받는다
시든 꽃송이는 갈 곳이 정해져 있다네

사랑도 주고 받을 때는
보이는 것이 모두 아름답고
영원불멸 하리라는
착각과 환상 속에서 헤매지만
연극이 끝나면 무대의 막이 내린 것처럼
언젠가는 이별의 시간이 찾아오게 되며

꽃도 피면 시들고 버려진다는
아주 작은 자연의 섭리를 깨달았더라도
이렇게까지 허탈해 하지는 않았을 텐데

〈수리산에서20120101〉

제3부

하늘이 열리던 날

山寺의 뜰

아주 아주
오래 오래전
한참 오래전

다섯 살 무렵부터
어머니 손에 이끌려

몇 번의 돌부리에
넘어져 가며 찾아가면
산새들이 날아와 함께 놀던 山寺

회색 가사 걸치시고
만면에 가득한 미소로
늘 반갑게 맞아주셨고

내가 태어났을 때 이름도 지어 주시고
신도명부에 입적(入籍)해주셨던
월하스님이 입적(入寂)하신 지도...

가을이면
더욱 생각나는 山寺의 뜰

〈수리산에서 20121010〉

상념

어느 날 갑자기
혜성처럼 나타나 수억 만 리 먼 길을
소리 없이 순간적으로 다가온 사람

한발 물러서면
두 발짝 다가가고 싶어지고
숨이 헉헉 목까지 차오르는 순간도 그리운 그대

온몸을 불사르고
영혼까지라도 주고 싶고
머리부터 발끝까지 감싸고 있는 그대

언젠가는 자의든 타의든
지워야 하고 떠나 보내야 하는 날이
다가 올 것 같은 생각에 …

옷자락 먼지 털듯이
그냥 훌훌 털어버릴 수도
버려지지도 않는 상처…공허

어찌할거나
가슴속 깊이 박혀버린 상념을
생각하면 할수록 두렵기만 합니다.

서울 그리고 베이징

우리나라 서울은
개경에서 한성으로 천도한 후에는
이조 500년을 지녀온 한성이 변모하여
비운의 순종임금 끝으로 왕조를 끝내고
1945년대 해방을 맞아
서울이라는 새로운 변모를 시도하였으며
한성외곽으로는 북한산성 등이 둘러있고
임금님이 있던 경복궁을 중심으로
창덕궁 운현궁 덕수궁 등 궁궐이 자리하고
경복궁을 주변으로 경회루 비원이 쉼터의 공간 역할을
한성을 드나들기 위하여는
흥인지문 돈의문 숭례문 숙정문 4대문이
외부의 출입을 관리하는 작지만 나름 데로의
구색을 갖추어 왕조시대를 누려온 것 같으네요

이웃 나라 중국 북경에는
베이징에서만 황제시대 500년을 유지하기 위하여
난징에서 북경으로 옮기고 자금성이라는 성을 이루어
태화문 태화전 중하전 보화전 건청궁 문화전 전각등
500여 채의 궁전과 9천여 개의 방을 구축하고
황제를 보호하기 위하여 천안문 외는 출입을 엄격히
관리하여 황제만를 위한 이화원 휴양시설까지 하였으며
더 멀리로는 만리장성까지 쌓아 외침을 차단하였고
구중궁궐을 청나라 마지막 황제 푸이를 끝으로 1949년
중화인민공화국 탄생을 맞아 비로소 일반에 개방하였다 하니

서울과 북경은 유사한점도 많으나 문화적 큰 차이로는
우리나라는 왕조시대에 비록 작지만 섬세하고 정교한 반면
중국은 황제 시대와 대륙적인 웅장함이 담겨 있답니다

〈20120303 베이징을 다녀와서〉

톈안먼(天安門)

중국을 상징하는
동물이 龍이라고하면
건축물로는 바로 天安門이라고나 할까

지구 상에서
내노라하는 명당자리를 꼽는다면
서양에는 바티칸 베드로 광장이고
동양에서는 천안문 광장이라는 속설답게

하늘 아래 가장 편안한 곳
또한 바로 천안문 자리를 두고
한 말이 아닌가 싶네요

황제가 살았다는 9999칸의 구중궁궐
황궁으로 들어가는 최초의 관문으로

용마루에는 천하를 호령하듯
龍.봉황.사자.기린.海馬.天馬.魚 해태.犼(후)가
위용을 떨치는 천안문이여 영원하여라

*천안문 : 명나라 때 건축된 것으로 처마 귀퉁이가 하늘로 치솟았다 하여 처음에는 承天門(승천문)으로 불렀으나 1457년 화재로 1차 소실되었고 다시 1644년 2차 소실을 걸쳐 1651년 복구되면서 텐안먼(天安門)으로 변경하였으며 현재는 중화인민공화국의 개국의 상징인 모택동의 대형초상화를 중심으로 양쪽으로 "중화인민공화국만세" "세계인민대단결" 만세 현판이 걸려있다.

그대는 내 사랑

내 사랑 그대만큼은
어떤 고난이 닥쳐오더라도

까만 밤이 하얀 재가 되도록
온몸으로 태워서라도 지켜주려고

내 영혼이 사라지는 날까지
한 발짝도 물러서지 않으려고

시시때때로
다가오는 고통과 진통을
참고 또 견디고 있답니다

내 모든 것을
내 영혼마저 가져간 그대는

세상 가장 아름다운 곳
영원토록 살고 싶은 곳

내 머리 속에
내 두 눈 속에
내 마음속에
늘 함께하는 그대는 내 사랑

금수산(錦繡山)

백두대간 태백준령을 타고 내려오다가
제천과 단양 양쪽에 걸치고
청풍명월의 고장에 자리한 금수산

유명세만큼이나 이름도
비단물길 같다고 하여 錦水山
비단처럼 빼어났다고 錦秀山
붉은 단풍 성벽 같다고 赤城山

본래는 백암산으로 불려 왔으나
퇴계 이황이 단양 군수시절
기암괴석과 산세가 비단으로
수를 놓은 듯 아름답다 하여 붙여진 이름

곳곳에 기암괴석 중에는
아들을 낳을 수 있게 해준다는 남근석도
마치 청풍호반 위에 올려놓은 山秀景石 같은
남쪽의 금강산으로 불리는 錦繡山이여…

한벽루

앞을 바라보니
비단처럼 아름답다는 금수산이

돌아보니
봉황이 날아올랐다는 비봉산이

내려다보면
남한강이 도도히 흐르던 언덕에

청풍 고을 부사가
청풍명월 풍객들과 함께
풍류를 즐겼다던 한벽루였는데

1985년 충주호의 건설로
수몰의 위기를 모면하려
망월산성으로 옮겨온 후로는

위풍당당하던 기세도 간곳없고
청풍호반을 내려다보며
청풍명월의 지존을 지키려는 듯
비바람도 참으며 힘겹게 버티고 서있네요 ..

〈청풍문화재단지에서 201209000〉

파도

칠흑 같은 어둠 속에서도
밀려왔다가는 밀려가기를
수없이 반복하는 파도

바위에 부딪칠 때마다
산산이 조각난 하얀 속살을
숨김없이 드러내고

지치기라도 하련만
거침없이 달려들었다가는
이내 돌아서기를 밤이 깊도록

몸부림을 치는가 싶더니
울부짖음까지 토하며
하얗게 부서지는 처절함

밤이 깊어 갈수록
속살을 아낌없이 드러내는 것이
마치 파도의 본능인 것 같네요

〈동해 죽변항 피렌체 찻집에서 20120225〉

석정원(石庭苑)이 열리던 날

백두대간의 줄기 타고
내려오다 우뚝 솟은 월악산
그중에서도 제일 높은 곳 영봉(靈峯)
높이가 자그마치 1094미터

뒤쪽으로는 월악산이 굽어보고
앞으로는 실개천이 흐르는
내가 태어나고 자라난 정든 내 고향
지번(地番)이 또한 1094번지

이 터위에 세워진
정든 내 고향
정든 우리 집
이름 하여 석정원(石庭苑)

비록 오지의 산골마을이지만
나의 어린 시절 꿈이 무럭무럭 자라나던 곳
반세기를 훌쩍지난 지금까지도
항상 나를 반겨주고,
내 마음의 안식처인 정겨운 石 庭 苑!!!

〈석정원 개원 날에 2012.0707〉

우리 어머니

아름다운 금수강산
살기 좋은 청풍명월의 본고장

금수산과 남한강이 함께하는
청풍 고을에서 태어나셔서

열아홉 어린 나이에 낯설고 물설은
두메산골 우리 마을로 시집오신 우리 어머니

팔십 평생을 오로지
우리 칠남매를 키우시느라 손발은 고사하고
뼈마디까지 구석구석 모두 부서지셨네

남은 여생이라도
편히 보낼 수 있도록
새로운 보금자리 석정원을 마련해드리오니
평안하신 마음으로 날마다 즐겁게 지내세요

〈20120707석정원입주하던 날〉

하늘이 열리던 날

동방의 끝쪽 한반도에
찬란한 불빛과 함께
하늘이 열리던 날
이 땅에는 백의민족이 태어나도다

백두산 천지에서 한라산 백록담까지
사시사철 무궁화가 피어나
금수강산을 이루었고
온 누리에 새 터전이 시작된 지 사천삼백 년

배달의 한민족이
자자손손 대를 이룰 수 있도록
하늘이 열리어 축복의 빛이
이 땅에 쏟아지던 바로 그날이 오늘

축복의 땅 한반도에 태어나서
자랑스런 한민족으로 살아가고
영광스런 대한민국에 영혼까지 묻힐 수 있도록
하늘을 열어주심에 깊은 감사를 보냅니다

〈개천절을 맞이하여 수리산에서〉

다시 돌아오게나

어찌 다시 돌아오지도 못할
그 먼 길을 떠나면서
한마디 말도 없이 떠난다는 말이오

사랑하는 가족들이 기다리고 있다네
어서 다시 돌아오게나

가족뿐만 아니라 우리 친구들이
지금 송년회 하려고 기다리고 있으며

할 일이 쌓여진 사무실에선
친구가 빨리 되돌아오기를
모두가 기다리고 있다네

친구여 가족들의 오열이 들리는가
가던 길을 멈추고 다시 돌아오게나

돌아올 수 없는 길인 줄 알지만
너무나도 안타깝고
비통하여 불러보는 것이네

이제 사시사철 꽃피고
새들이 지져 기는 극락 동산에서
이승에서의 고통은
다 잊어버리고 부디부디 영면하소서

소천한 친구 "한만호" 님을 추모하면서 (2011.12.12)

떠남(別離)

자연의 섭리 상
봄이오면 서둘러
겨울이 떠나가야 하듯이

새로움이 나타나면
자의든 타의든
그 자리를 떠날 수밖에

아무리 머물고 싶어도
애를 쓰고 힘을 다해도
뒤차가 오기 전에는 떠나게 되어 있으며

어떠한 만남도 마찬가지
세상에 영원함이란
존재할 수도 하지도 않는 것

모든 것을 버리고
현실에 만족하고 충실하는 것이
別離의 상처를 준비 하는 것이랍니다

우리는 태어날 때도 빈손으로 돌아왔고
우리가 떠나갈 때도 빈손으로 돌아가네

〈수리산지기 20120405〉

금수강산

축복의 이 땅에
태어난 것에 감사하고

아름다운 이 강산에서
살아가고 있음에 감사하며

앞을 보아도 뒤를 돌아보아도
늘 푸른 강과 산을 함께할 수 있고

아름다운 자연과 함께
사시사철을 누리며 살아가는
우리는 행복이요 영광입니다

이 땅에 태어나서
이 땅에 살아가고
언젠가는 우리가 묻힐
내 나라 내 조국 아! 대한민국이여

아름다운 금수강산
이 땅에서 태어나서 죽는 날까지
항상 함께 할 수 있는 우리 민족은
모두가 축복받은 사람들 이기에
감사의 마음으로 살아갈 수 있기를 염원하면서…

〈수리산에서 2110909〉

내 모든 것을

가끔은
미워도 해보았습니다

때로는
증오도 해보았습니다

그리움이 밀려올 때는
밤잠을 설쳐가며 까지도...

뼈속까지 보고 싶은 마음이 파고들 땐
한없이 방황도 했습니다

기다리다 지쳐 무작정 달려가도
만날 수가 없었습니다

새벽을 맞아 눈을 떴을땐
이미 그 사람은
내 모든 것을 가슴에 담은채
수억 만리 먼 곳으로 떠나 버린 뒤였습니다

〈석정원지기 20120818〉

사랑과 情

사랑은 끝이 있으나
情이란 끝이 없으며

사랑은 지울 수 있으나
情이란 지울 수 없으며

사랑은 눈물을 흐르게 하고
情이란 가슴을 아프게 한다

사랑은 떠나면 그만이지만
情이란 떠나도 남는 것이며

사랑은 안 보면 잊혀가지만
情이란 못 봐도 깊어만 간다

사랑을 눈으로 오고 가고
情이란 맘으로 오고 간다

사랑의 끝은 이별이지만
情이란 끝이 있을 수 없다

사랑이 남긴 상처는 세월 가면 아물지만
情이 남긴 상처는 영원히 치유가 안 되기에
유리구슬처럼 잘 다루어야 한다

〈2012 칠월칠석날에 수리산지기〉

현재는 언제나

아무리 멈추려 해도
멈출 수 없는 지금이라는
현재의 시간

현재라는 시간이 있기에
내일이라는 희망도 있으며

현재라는 시간이 있기에
어제라는 과거도 있을 수 있고

잠시도 머물 수 없이
지나가는 현재 시간이
너무도 소중하고 아름답기에

손에 잡히지 않더라도
눈에 보이지 않더라도
늘 함께 할 수 없음에
슬퍼하거나 노하지 말고

현재는 언제나
희망이요 기쁨인 것을

〈수리산지기 20120614〉

금강톨게이트

무주고을 덕유산 향적봉과
적상산에서 시작한 계곡물이
흘러 흘러 시냇물을 이루었고

시냇물은 금산.영동을 휘돌아
향수의 고장 옥천 동이를 굽이치고는
마침내 비단 자락 같은 금강을 이루었답니다.

명산의 정기를 끊으려고
쇠말뚝을 꽂았다는 철봉산과
비단 물 줄기와 함께 어우러진 금강톨게이트

경부고속도로 건설 당시 순직한
77인의 위패가 모셔진 곳으로도
금강의 명물 도리뱅뱅의 고장 조령마을도

유유히 흐르는 금강 강변을 바라보며
정으로 맺어진 사람들과 사계절을
여섯 번이나 바뀌는 세월을 보내던 곳

마음의 고향 금강톨게이트를
비단 물 흘러가듯 떠나려 하니
동고동락했던 사람들과 추억들이
회한의 뜨거운 눈물과 깊은 情 되어
발길은 무겁게 가슴은 아프게 하네요.

〈금강톨게이트를 떠나면서 20120630〉

칠월칠석(七月七夕)

하늘나라 목동 견우
옥황상제 손녀 직녀
신분을 초월 부부가 되었건만

견우는 은하수 동쪽에
직녀는 은하수 서쪽에
부부가 떨어져 살아야 하는 비운을

일 년에 단 한 번 만날 수 있도록
땅위의 까마귀와 까치들이 모여
은하수강을 건널 다리를 놓으니 이름 하여 오작교

칠석 전날에 내리는 비는
이들이 타고 갈 마차 씻는 물

칠석날에 내리는 비는
일 년 만에 만나는 기쁨의 눈물

다음날 새벽에 내리는 비는
일 년 뒤를 기약하며 흘리는 이별의 눈물

날마다 만 날 수 있는
우리는 얼마나 행복한 것일까

〈수리산지기 생각 20120707〉

清風明月

앞으로는 비단을 감은 듯
아름답다는 금수산이

뒤로는 봉황이 차고
올랐다는 비봉산이

사시사철 맑은 바람이 불어오고
밝은 달이 떠올랐다는
청풍명월의 아름다운 고장

1985년 충주댐의 건설로
모두가 수장되어버린 지금
사진 속에서만 바라볼 수 있는
청풍명월의 본고장 청풍 읍내

청풍 부사가 남한강을 바라보며
풍류를 즐겼다는 한벽류만이
망월산 언덕으로 옮겨 앉아
그날의 풍객들은 모두 어디로 갔는지
홀로 이 위풍을 지키려 애쓰고 있답니다

오작교

단 하루를 위해
삼백예순하고도 닷세 긴긴날을

은하수강을
건널 수 있는 다리가 되려고
내 몸이 부서지는 줄도 모른 체

비록 작은 이 몸이
무너지고 부서지더라도
서로가 만날 수만 있다면

사랑이 뭐길래
정이 뭐길래
일 년에 단 한 번의 기회

견우와 직녀를 위해서라면
이 한 몸 산산조각 되더라도
기꺼이 오작교가 되어드리오리다

〈수리산에서 오작교 생각 20120707〉

그칠줄 모르는 그리움

아무리 길고 긴
지루한 장마도
때가 되면 그치게 되고

날이 가물어
땅이 갈라서는 가뭄도
시간 지나면 비가 내려 해갈이 되며

아름다운 꽃이라 해도
때가 지나면 시들어져
낙화 되어 버리고

푸름을 자랑하는 잎새도
세월 지나면 단풍 되어
끝내는 떨어져 버리는데

낮과 밤이 바뀌고 세월 흘러가도
지워 지지도 잊혀 지지도 않으며
그칠 줄 모르는 그리움은 어찌 하리요..

〈수리산지기 20100522〉

흔적

살아가는 동안에
작든 크든 흔적과는 동행 할 수밖에

흔적 중에는
아름다운 것도
잊고 싶은 것도
던져버리고 싶은 것도
간직하고 싶은 것도 있겠지만

어둠의 그림자가 내려오면
어느 누구도 거부 할 수 없는
떠남을 맞이 할 수밖에 없네요.

아무리 즐거웠던 흔적이라도
가슴에 추억으로만 담아 가고
하얗게 지우고 버리고 떠날 수 있기를

흔적은
발길을 무겁게
머리를 아프게
가슴을 슬프게 하기에
만들지도 남기지도 않는 것이 좋으련만

〈석정원 뜰에서 201209000〉

나팔꽃

오늘도 열심히
하늘을 향해 기어오른다

오르다 지치면
아침부터 다시 시작하며

올해 오르다 못오르면
내년에도 계속해서 오르려고
꽃씨까지 만들어 대를 이어가는 꽃

저녁이면 잠깐 눈을 붙이고
동트는 아침이오면 자주색 기상나팔 되어
한바탕 부르고는 기어오르기를
다시 시작하는 나팔꽃

서로 어깨동무하며
오르는 기세를 바라보니
울타리 끝이 아니라
저 하늘까지라도
차고 오를 것 같은 나팔꽃이여!!

제4부

사랑을 하려거든

산촌의 겨울

앞을 바라보아도
뒤를 돌아보아도
온통 하얀 세상뿐

얼기설기 서 있는
소나무 푸른 솔잎 위에는
하얗게 눈꽃이 피어있고

산골마을 여기저기
굴뚝에서는 하얀 연기
모락모락 피어오르며

도회로 떠난 폐가에는
인적이 끊어진 터라
길마저 눈 속에 묻혀 버렸네요

멀리서 바라보는
눈 덮인 산골의 겨울은
한 폭의 수채화 같아 보인답니다

추풍과이(秋風過耳)

산과 들의 나뭇잎이 단풍 되더니
어느새 가을바람 스칠 때마다
한잎 두잎 떨어지기 시작하네요

황금 들녘으로 달려나가
메뚜기 잡으며 뛰놀다가 맞이하는
가을바람이 무척 시원하던 때도 있었고

긴 장대 어깨메고 대추따며
밤나무 감나무 밑을 오가다 보면
이마에는 땀방울 송송 영글고
스쳐 가는 가을바람이 시원도 했었답니다

이제는 귓전을 스쳐 지나가는
가을바람이 시원은 고사하고
곧 찬 바람이 불어오겠지 걱정도 되었는데

가을바람이 귓전을 스쳐 가며 속삭이는 말
올해는 오곡백과가 풍년들 거라는 소리에
마음까지도 한없이 풍요롭고 기쁘기만 하네요.

〈수리산지기 2111010〉

동행은 언제까지

이 길을 함께 걷기 시작한 지도
벌써 오래전 이야기

아침에 눈을 떠서
저녁에 잠들 때까지
온몸을 감싸고 지배하는 보이지 않는 상념

아는 것이라곤 자명종 소리처럼
때가 되면 들려오는 청아한 음성이 전부

만난 적도 옷깃 한번 스친 적도 없지만
보이지도 않는 실체의 음성 없이는
하루가 열리지도 닫히지도 않으며

만리장성을 쌓던 긴 터널이 지나고
다시 하루가 열리는 현실 앞에 서면
깊은 늪으로 더 빠져드는 것을 어찌하리오

한 번도 본적도 없건만 머릿속에는
그리움과 정으로 채워진 그대와의
동행은 언제까지 끝없이 이어지려는지

〈수리산지기 생각 20120730〉

가을은 어디서

가을은
어디서 부터 오는 것일까

창공을
타고 내려오는 것일까

단풍나무
끝에서부터 서서히 오는 것일까

수리산
태을봉에서 시작되는 것도 같고

뜰에 서 있는
오동잎새부터 오는 것도 같고

지나치는 여인의
옷소매 부터 시작된것도 같고

풀벌레 소리 귓전을 맴돌고
마음이 허전 해지더니
어느새 품 안으로 파고들고 말았구나

대추

과일이라고
부르기에는 어색해 보여도

가을 하면
떠오르는 과일 중의 하나

몸을 따듯하게 해주는
성분 덕분에 감기예방에는 으뜸

봄에 가장 늦게 노란 잎이 나오지만
열매는 구월만 되어도 짙은 갈색 씨알들이

가지마다 주렁주렁
금방이라도 쏟아질 듯이 달린 모습이
쳐다만 보아도 입가에는 달콤한 맛이

차례상에는 다른 과일을 제치고
맨 앞줄 첫 번째 자리를 차지하고

몸통은 까만색
잎새는 파란색
열매는 진홍색

매년 가을만 되면
오가는 사람들을 유혹하는 대추

〈석정원뜰에서 20121006〉

지난날 중추절

한해를 시작하는 설날과
결실을 맞이하는 한가위

그중에서도 중추절은
모든 사람이 기다리고
즐겁고 행복하여 명절 중의 명절로

아낙들은 송편 만들고
남정네들은 조상 산소 다듬고
햇과일 준비하느라 해 저무는 줄도 모른 채

힘들고 몸은 고달파도
올해는 풍년이라
어깨춤이 덩실 덩실

이 고을 저 고을 사람들 모두 모여
새납소리 장고 소리 풍악 놀이까지
갓 빚은 막걸리로 목을 축기고 나면

어느새 해는 서산에 걸치고
내년에도 풍년 되길 기원하며 얼쑤

날마다 우리 가족 행복하게 해달라고
팔월 한가위 둥근 달에
소원도 빌어보던 지난날의 중추절

〈수리산에서 20120927〉

오늘날의 중추절

중추절이 다가올수록
바빠지는 곳은 고향마을이 아니라
유명 여행지와 공항터미날이라네

중추절 맞아 고향의 조상성묘
부모님 찾아뵙는 건 뒷전이고
여행지로 떠나려는 사람들이 점점

공항은 국외로 떠나려는 사람들로
고속도로는 여행차량과 귀성차량으로
서로 뒤엉켜 온종일 답답

언제부터인가
명절중의 명절이라는 중추절이
차례마저도 여행지에서 지내고

세태가 바뀌어도 너무 변하여
담 너머로 오가던 정감과
손에서 손으로 송편 나누던 추억은 사라지고
택배가 사람의 정을 대신하며

북적대는 공항과 꽉 막힌 차량 행렬이
오늘날의 중추절 현실을 보는 것 같아
마음 한구석이 텅 빈 것 같고 쓸쓸하네요

미래의 중추절

우리나라 우리 민족의
고유의 민속명절 문화가
진화에 진화를 거듭하다 보면

3대가 모여 오손도손 송편 만들며
서로의 정감을 나누던 풍경은
먼먼 전설 속 이야기로 남을 테고

명절날이면
할아버지 할머니는 시골에
아버지 어머니는 도회 속에
아들딸 자손들은 국외에서

귀성보다는 귀경이 더 많을 테고
더 진화되다 보면 성묘 · 차례문화도
화상으로 주고받을 날도 머지않고

고향에 대한 향수도 사라지고
조상이 살던 터도 산소도 어디 있는지
뿌리마저 잊어버리고 살아야 하며

끝내는 자신의 뿌리가 어디이며
어디에 묻혀 갈지도 모른 채
살아가야 하는 것이
미래의 중추절 같네요

〈2012 중추절을 맞아〉

연정

아무에게도
보여주기도 싫었다

드러내놓고
말할 수도 없었다

오직 혼자서만
간직하고 싶었다

너무나도 소중했기에
깊은 산중에 숨겨도 보았다
모두가 수포로 돌아갔다

표정과 음성만으로도
저절로 튀어나오는걸
어찌 막을 수가 있겠는가
바로 바로 사랑스런 마음과 정을....

내 안의 그대

이름 석자 만 들어도
가슴설레는 이 마음을
어디에 호소할 수도 없고

세월이 흘러도
지워지지 않으며
점점 더 깊은 늪으로 빠져드는 그리움

나무들이 뿌리째 뽑혀가고
땅까지 갈라지는 경천지동이 생겨도
조금도 흔들리지 않는 오직 한마음

꽃은 피었다가 지고 나면 그만이고
강물은 흘러가면 그만인데
그리워하는 마음은 점점 깊어져 가고

내 모든 것을 송두리째 앗아간 그 사람
정녕 그대는 어떤 이유로
나 또한 그대 속에 자리매김한 지 오래전
내 안의 그대 또한 떠날 줄 모른지 오래전
세월이 아무리 흘러도 내안의 그대는

〈수리산지기 20120707〉

耳順을 맞이하여

하늘이 드높고
파랗게 물들던 가을날에
산골 중의 산골 속리산 줄기 보은 고을에서
세상에 태어났음을 알리던날이 어제 같았는데
산천이 변하기를 육십 년 세월.

꽃다운 나이에 정든 고향산천을 떠나
배필을 따라 낯설고 물설은 월악산 산그늘이
가득한 덕산 고을로 출가한 지 어언 36년 전..

좋았던 신혼 시절도 잠시
돈을 벌어오겠다고 객지로만 떠도는
남편을 대신하여 시부모 때론 시동생들까지
거기에 집안의 대소사까지 챙기랴
자식들 키우랴 동분서주하기를 수십 년 세월

자식들 학교 마치고 직장잡으면 그만인 줄 알았는데
결혼까지 마치고 나니 손주가 태어나고
시부모님 연로해져 수발까지 거드느라
까만 머리는 어느새 반백이요

동안의 얼굴과 손에는 어느새 인생의 그늘 자욱이
자고 나면 온몸이 안 아픈 곳이 없고.
이제부터라도 자신의 건강이 제일이라 생각하고
항상 건강부터 챙기며 모두를 비우고 던지고 버리고
정해지고 기약된 날은 없지만 앞으로의 날들은
날마다 즐거운 날이 되기를 바랍니다..

〈2012년 9월 4일 아내(이청순)회갑 날에 남편이〉

가을 연가

산과 들에 나무들이
오색단풍으로 갈아입고
가을을 재촉하더니

어느새 바람만 스쳐도
우수수 떨어지는 낙엽을
어찌 막을 수 있단 말인가

두어라 떨어질 낙엽인데
속내 아쉬워 말아라

수리산 언덕 위에 걸쳐있는
초승달도 낙엽 지고 나더니
은행나무 가지 사이로 살알짝 비치며

이쪽저쪽에서는 풀벌레가
알듯 모를듯하게 토해내는 소리가
낙엽 밟는 소리와 어우러져
가을 연가 되어 귓전을 스쳐 가네요.

女心

열두 대문 열어야
무엇이 있는 것을 알 수 있듯이

헤집고 살펴보아도
도무지 알 수가 없고

주어도 주어도
어디가 끝인지 보이지 않으며

좋을 때는 속마음까지 열어주고
세상을 다 줄 것같이 보이지만

돌아서는 순간에는
망각을 넘어 상처까지

여심은 유리 공과도 같아서
어느 때 어느 방향으로 굴러갈지
아무도 예측하지 못하며

잘 다스리면 진주가 되지만
잘못될 때는 유리 조각되어
마음까지도 다칠 수 있기에
두 손 모아서 잘 다스리기를

〈수리산지기 생각 20120905〉

삼라만상(森羅萬象)

우리가 살아가는 동안
만나고 헤어지고
헤어졌다가는 다시 만나며
어쩌면 다시는 만날 수 없는 때도 있으며

세상 만물 모든 것들은
인연에 의해 내 곁에 왔다가
인연에 의해 떠나 가는 것

우주에 있는 온갖 사물과 형상들이
내가 갖고 싶다고
마음대로 다 가질 수도 없으며

자연 속에 피어나는 풀 한 포기
꽃 한 송이 나뭇가지 하나
심지어 돌멩이 하나까지도

삼라만상 모두가
나의 것이 아니며 우리들의 것이기에
모든 만물은 제자리에 존재할 때
비로소 가장 아름답고 존귀한 것을

〈석정원뜰에서 20120818〉

石花의 꿈

산골 중의 산골
오지 중의 오지
벽지 중의 벽지에서 태어나

파란 하늘 쳐다보며
초록 들판 뛰어놀며
흙먼지길 달리면서 자라나서

가진 것도 없고
채울 것도 없고
비울 것도 없는 빈털터리지만

화려하지도 않고
빼어나지도 않고
뛰어나지도 않은 사막의 장미꽃

나누고 비우고 베풀어
바르고 아름답고 건강하게
행복한 삶의 장미꽃을
피우려는 것이 石花의 꿈 이랍니다

〈수리산에서 20120605〉

배롱나무

한여름 무더위가
기승을 부릴 때 즘이면
피어나기 시작하여

가을이 어느 정도
접어들 때까지
백여 일 동안을 피어나는 꽃

화무는 십일홍이라 하거늘
배롱꽃은 백여 일을 피어난다고 해서
식자들은 목 백일홍이라 부르기도 하는 꽃

작은 꽃 하나 하나가 모여 꽃송이를 이루고
꽃송이는 다시 모여서 꽃나무를 만들고
꽃나무는 군락을 이루어
여름을 더욱더 아름답게 수놓는 배롱나무꽃,,,,,

〈수리산에서 201208〉

도담삼봉(島潭三峰)

단양팔경 중에도
가장 빼어나 제1경으로 꼽히며

정선 삼봉산에서 있던 것이
장마에 떠내려와 단양고을
도담리 물속에 멈춘 봉우리 3개

북쪽 방향 왼쪽에는 약간 토라진 妻峰이
중앙에는 장군봉인 男峰이
남쪽 방향 오른쪽에는 배 불뚝한 妾峰이

이황이 단양 부사시절
주봉에 육각정을 짓고 풍류를 즐기고
개국공신 정도전도 머물렀던 곳

첩봉이 씨앗을 가져
배가 불뚝한 것에 시샘하여
처봉이 돌아 앉은 것이라고 하는 전설 속에

비가 오나 눈이 오나 몸을 담근채
오가는 길손들을 바라보며
유유자적 자리를 지키는 도담삼봉

〈 단양팔경을 돌아보며 20120909〉

77인을 위한 기도문

자랑스런 나의 조국 대한민국
이 땅 위에 경부고속도로 428km가
처음으로 개통되던 날이 어언 42년 전 오늘

앞으로는 금강이 굽이쳐 흐르고
뒤로는 차령산맥의 한줄기
조령산이 감싸는 언덕에 위치한 곳에

우리나라 고속도로의 효시
경부고속도로를 건설하시다가
산화하신 영령들을 모신 경부고속도로 위령탑

이곳에 잠드신 분들이 계셨기에
서울에서 부산까지 시작했던 고속도로가
서해에서 동해로 총 3500Km 시대를 넘어섰고

자손만대 영원히 빛날 이 길을 만들기 위해
피와 땀을 쏟으며 끝내는 고속도로 건설현장에서
산화하신 77인의 건설의 영웅들이시여
그날의 아픔은 모두 금강에 흘려보내시고
이제는 고이고이 영면하시옵기를 축원 드립니다…

〈경부고속도로개통 기념일을 맞아.20120707〉

봉숭아

그렇게도
흔하고 흔하던 꽃이었는데

지금은 어쩌다가 피어나서
반기는 이는 없어도 추억을 떠오르게 하는 꽃

시골 담장 장독대 주변에
여름이면 피어나 해충도 막아주었다던 꽃

새끼손가락 발가락까지 손톱
물들이는 데는 빠질 수 없는 필수품

지금은 바라만 보아도
담구석에 앉아
물들이던 때의 추억이 묻어나는 꽃

노란 주머니는 살짝만 건드려도
까만 씨앗을 하늘로 쏟아내고

여름이 다 가기 전
울 밑에서 봉숭아 만나러 떠나가렵니다

〈석정원뜰에서 20120818〉

언제까지

이 길을 함께 걷기 시작한 지도
벌써 오래전 이야기

아침에 눈을 떠서
저녁에 잠들 때까지
온몸을 감싸고 지배하는 보이지 않는 상념

아는것이라곤 자명종 소리처럼
때가 되면 들려오는
청아한 음성이 전부

만난 적도 옷깃 한번 스친 적도 없지만
보이도 않는 실체의 음성 없이는
하루가 열리지도 닫히지도 않으며

만리장성을 쌓던 긴 밤이 지나고
다시 하루가 열리는 현실 앞에 서면
깊은 늪으로 더 빠져드는 것을 어찌하리오

한 번도 본적도 없건만
머릿속에는
그리움과 정으로 채워진
내 사랑 그대와의
동행은 언제까지 끝없이 이어지려는지

〈수리산지기 생각 20120809〉

열정

머리털 끝에서 발끝까지
신경은 물론 혈관을 타고
세포까지 퍼져있는 흔적들

억겁의 세월이 흐른다 해도
그대의 흔적은 지워질수도
잊혀질 수가 없어요

지우려 하면 할수록
야생초처럼
다시 돋아나는 상념들

꿈 같았던 그때가
다시 나타날 것 같아
기다리고 있을뿐인데

아무도 모른 채
뼈속 깊이 숨겨진
그날의 뜨거웠던 열정을
어찌 알리요.. 누가 알리요

멘붕시대

옛말에
호랑이에게 물려가도
정신만은 차려야 한다는 속담도 있었지만

사회가 발달 될수록
경제지수도 높아가고

삶에 지수도
점점 좋아져 가고

더불어
행복지수도 증가되고

나의 행복이
곧 가족과 국가의 행복이며

사람들의 수명도
100세 시대를 향하여 줄달음을 치건만

오로지 정신지수만큼은
허물어져 가는 멘붕시대를 맞게 되니
어찌 이럴 수가 있단 말인가....

〈수리산에서 20120910〉

사랑을 하려거든

사랑은
가슴으로 하는 사랑과
육신으로 하는 사랑이 있다네

가슴 사랑은 갈수록 점점 깊어져 가고
육신사랑은 갈수록 점점 낮아져 가며

가슴 사랑은 시간이 지나도 지워지지 않으며
육신 사랑은 시간이 흐르면 사라져서 간다네

가슴 사랑은 갈수록 뜨거워 지지만
육신 사랑은 갈수록 식어만 간다네

가슴 사랑은 두고두고 남을 사랑이며
육신 사랑은 언젠가는 떠날 사랑이네

가슴 사랑은 세월 흘러도 변하지 않지만
육신 사랑은 세월 흐르면 변하는 것이네

가슴 사랑은 남을 위하여 사랑하고
육신 사랑은 나를 위하여 사랑한다

사랑을 하려거든
육신으로 스쳐 가는 사랑이 아니라
가슴으로 받아주는 사랑을 하기를

〈수리산지기 201210102〉

건강한 생활

인간은
누구나 건강한 생활을
추구하려는 것이 기본이다

건강한 삶을 위해서는 기본적으로
체력적인 건강과 정신적인 건강이 공존

혈압은 90~120을 유지 되어야 하고
맥박은 분 단위로 60에서 80이 되야하며
호흡 또한 20에서 40을 지켜져야 되며

체중은 키와 상관 관계로 적정 관리되고
체온은 36에서 37.2에서 안정되어야 합니다

건강 체력을 위해서는
의학적인 건강수치가 필수이고
다음으로 정신건강
즉 건강한 마음도 매우 중요하지요

두 가지가 서로 상존할 때
비로소 건강한 생활을 이룰 수 있답니다

〈석정원지기생각 20120725〉

밀물

수많은 날을
마치 이 순간을 위해
기다린 것 처럼

사막에서
오아시스라도 만난 것처럼

오랜 가뭄 끝에
단비를 갈구하는 것처럼

겁도 무서움도 잊어버리고
사납게 사납게 달려들며

깊고 어둡고 미로와도 같은
동굴 속을 헤쳐나가는 기세를 몰아

까만 바위를 하얗게
산산 조각이라도 내려는 듯
온 힘을 다하여 지치지도 않고
수없이 달려들고 또 달려드는 밀물

타조(駝鳥)의 꿈

외모상으로는
동물 같아 보이지만
실상은 조류에 해당되고

조류 중에서는
가장 큰 것이지만
날지도 못하는 비애를 안고

우뚝 선 긴 목은
오늘 보다는 내일을
항상 미래를 향하고 있고

날개는 있으되 날지 못해도
행복스런 두 눈과 부리를 뽐내며
지상에서 가장 빠르게 달려갑니다

언젠가는
창공을 나르는 새들처럼
타조의 꿈이 이루어지기를

떠나갑니다

봄이면
버들가지 휘늘어진 사이로 비단물길이 열리고

여름이면
피라미 펄쩍 뛰고 강태공 낚시 드리는 소리

가을이면
청포도가 주저리, 감나무에는 연시 홍시가

겨울이면
온몸을 동장군으로 만드는 칼바람 추위

시도 때도 없이 모였다가는
서울로 올라가고 부산으로 내려가고

이내 흩어지는 전국 유일의 만남의 광장
사람 사는 내음이 듬뿍 묻어나며
인심 좋은 시골 장터 같은 금강휴게소
그 곁에 정으로 맺어진 톨게이트 사람들

머무는 동안의
아름다운 추억은 머리에 담고
기약 없는 재회는 가슴에 품고
금강 강변의 물안개 되어 떠나갑니다

〈금강톨게이트를 떠나던 날에 20120630〉

속마음

현대의학 첨단 장비로는
우리 몸의 구석구석 모두를
찾아내는 세상이며

깊고도 깊은 곳
구중궁궐 속이라 해도
모두 찾아낼 수도 있다는데

어찌 가장 가까운 곳에
존재하는것을
알아 낼 수가 없단 말인가

항상 머릿속에서
떠나지 못하는
그림자 같은 그리운 마음

차가운 머리보다는
따듯한 가슴으로 누군가를
그리며 살고 싶은 것이
보이지도 않고 찾을 수도 없는 존재
바로바로 속마음 이랍니다

〈석정원지기 생각 20120808〉

어찌 알리요

세월에 떠밀리다 보면
나이가 들게 되고

나이 들게되면
기력 또한 쇄약해지는 것

본인은 평생
펄펄 뛰는 청년으로 살 줄 알지만

세상 어디 아무리 깊은 산중에
꼭꼭 숨어 산다 해도
늙음과 죽음의 그림자는 찾아오는 법

나를 낳아주시고 길러주신
사랑하는 우리 부모님
돌아가신 뒤 진수성찬 차려놓고
통곡한들 무슨 소용 있겠는가

살아생전에 따듯한 물 한 모금이
억만금보다 더 소중한 것을 어찌 알리요

〈석정원지기 생각 20120725〉

자귀나무

겨울잠에 취하였는가
아무리 깨워도 일어나지 않다가
산수유 꽃이 질 무렵 돼서야
살포시 잎새가 돋아나는 잠꾸러기 나무

겨울 동장군에 얼어 죽었나 싶어
흔들어보면 가지마다
매일 조금씩 새잎이 피어나고

연두색 잎새는
저녁이면 눈감듯이 접고 잠까지 자며
아침이면 기지게 펴듯 활짝 피어나는
신비스런 잠자는 나무 자귀나무

꽃 또한 작은
보랏빛 솜사탕처럼 피어나
수줍은 여인상이라고나 할까

석정원 뜰에도
자귀나무꽃이 만발하여
오가는 이의 마음을
무지갯 빛으로 물들게 합니다

〈 석정원뜰에서 20120721〉

살다 보면

살다 보면
가슴이 터질듯한
분노 당할 때도 있을 테고

벼랑 끝에 매달리듯
애처로운 때도 있을 테고

남들과의 갈등도 생길 테고
이웃과의 다툼도 만날 테고

사랑하는 사람과 이별도
친구와의 증오도 생기며

날마다
좋은 날만 있을 수도 없고
때로는 여름날 천둥 번개 치듯
어려운 때가 더 많을 수도 있는것

이를 극복하고 이겨낼 수 있는 것은
남이나 술 힘에 의존 아니라
자신이 마음을 다스리는 힘뿐이라네

〈 석정원지기 생각 20100808〉

천렵

책 보자기 둘러메고
돌다리 건너서
초등학교 오갈 때 보면

큰 돌 작은 돌 조약돌
사이 사이로
헤집고 다니는 고기떼들

손을 펼치면 금방 잡힐듯하여
책 보자기 팽개치고
냇물 속 고기때 쫓다보면
해 저무는 줄도 모르고

그때 그 시절이 생각나서
위에서 몰고 아래서는 족대데고
돌덩이 들썩들썩 하노라니

그날의 동무는 간 곳이 없고
머리는 세월의 은빛이 번뜩
그물은 피라미 은빛이 번뜩

〈고향 개울가에서 20120815〉

봄의 소리

어느새
엄동설한을 이겨내고
계곡에서는 얼음장 밑으로
물 흐르는 소리

이 골짜기 저 골짜기에서
나뭇가지마다
시샘하며 물오르는 소리

눈 덮이 바위틈새 사이로
쏘옥 내민 노란 복수초의
하품하며 기지게 켜는 소리

하늘에서는
겨울을 남쪽에서 보내고
북쪽으로 날아가는 철새들의 소리

하늘 땅 그리고 산과 들에서
봄의 소리가 어우러져
희망의 교향악같이 들려옵니다

* 복수초: 미나리아 재비 과의 여러해살이풀.
일명원일초 · 설련화 · 얼음새꽃이라고도 함.

석정원
마음의 그림 그리며

인쇄	2012년 12월 5일
초판 1쇄 발행	2012년 12월 10일
지은이	석용호
펴낸이	양상구
웹디자인	김태완
펴낸곳	도서출판 **채운재**
주소	100-861 서울시 중구 충무로2가 49-8 (서울빌딩 202호)
전화	02-704-3301
팩스	02-2268-3910
손전화	010-5466-3911
이메일	ysg8527@naver.com
정가	10,000원